고양이와 호랑이와 수정과와 곶감

시·그림 이승현

라이프하우스

시인 이승현

시집 '어린 슬픔의 연가'(2014) 출간
시집 '부엌 창가의 회색 고양이'(2016) 출간

고양이와 호랑이와 수정과와 곶감

초판 발행 2021년 7월 20일
디자인 김PD
펴낸이 이일로
펴낸곳 도서출판 라이프하우스
등록일 2009년 2월 24일
대표 전화 0505)369-3877 / 팩스 0504)319-2150
출판사 블로그 http://blog.naver.com/windpaper
가격 7,000원

이 책에 실린 모든 내용, 디자인, 이미지, 편집 구성의 저작권은 도서출판라이프하우스와 저자에게 있습니다. 허락 없이 복제하거나 다른 매체에 옮겨 실을 수 없습니다.

ISBN 979-11-87271-17-8   03810

머리말

시인의 항해

비를 피하고
싶어 배를 만든다
나무를 자르고 엮어 통나무 기둥을 자른다
못질을 한다
넓은 마루 갑판에 사람들 모인다
중국인, 미국인, 아프리카인 그 중에 나
모두 큰 배에 모였다
학생, 의사, 세무사, 노동자, 몸이 불편한 환자 모두가
소, 말, 토끼, 고양이, 새장 안에 흰 비둘기……

여러 해 동안 비는 내려 산봉우리 나타났다
비는 하늘에 빗살을 남기고 구름은 낮게 큰 바다 되었다

*

어기여차,
배를 저어 저어 나가자
해도 달도 별도 나를 따라
등대가 별이고 달이고
초승달이 보름 되어
달이 별을 지켜
구름에 배를 저어 저어

어기여차,
어기여차 어기여차, 배를 타자

*

노를 저어 배를 저어 천국 지나 지옥문을 지나
뜨거운 날에 횃불을 피우자

어느 날, 붉은 해가 구름을 몰아 비는 그쳤다
젖은 땅은
물 웅덩이를 만들었다
고개를 들어 내 눈에 마지막 빗방울 하나 남았다

2021. 7. 8.
시인 이 승 현

차 례

머리말 - 시인의 항해

산이 내가 되었구나　10

고양이와 호랑이와 수정과와 곶감　13

길가의 삼겹살 집　17

고양이 똥　19

주둥이가 서로 닿아 수직선을 이룬다　21

세상에서 제일 좋은 우리 대한민국　28

내가 바보라는 사실을 알고 있니　31

전생의 기억이 있을까　33

지난 밤에 누군가 돼지를 잡았다　36

동대문 시장에 나갔지　39

고양이, 장군이가 위에서 내려다본 장면　41

인스턴트 커피 세 스푼과 네 스푼의 차이　44

토끼굴　47

눈물이 나'　50

염천교 다리 밑　55

오래간만에 연희동에 왔다　57

아가미와 비늘　60

선택　63

외로운 4시가 지났다　66

눈썹은 사랑을 말한다　69

무섭게 비가 내리던 날　71

당신이 피우던 담배꽁초도　73

일본 사케를 한 병 샀다　76

땅을 핥는 번거로움을 아는 이가　80

'파두'가 넘실거린다   83

밤하늘   85

전깃줄은 공구함에 까치집을 만들었다   87

흰 고무신을 냇가에   90

손잡이가 빠진 우산을 들고 절 앞까지 걸어갔지   93

도베르만을 닮았다   97

라임의 세련된 신맛   101

흰 염소 한 마리 크게 그렸으면   104

브로드웨이는 상해에 있는 추억의 밤   107

붉은 나사렛 예수님   110

모던 보이   113

관찰   115

맺음말- 사랑   120

어머니   122

산이 내가 되었구나

숲에 내가 산다

한 그루, 두 그루, 세 그루

나무는 흰 눈의 눈밭에 서있다

숨을 내쉰다

숨 쉬는 곳에 내가 서있다

나무 사이에 또 나무가 태어난다

겨울산은 나무를 이고서 다시 태어난다

차가운 눈발은 나무를 지고서 걸어간다

선과 선은 이어지고

언덕의 등선은 허리를 구부렸다

세월은 나이를 잊었다

붉은 산이 흰 빛을 가리는 구나

흰 빛은 나를 식히는 구나

세월은 나를 낳아

한 획이 그려지는 구나

줄기와 줄기가 서로 부둥켜 안는다
또 산이 되는구나

산이 내가 되었구나

고양이와 호랑이와 수정과와 곶감

호랑이네에서 가져온 냅킨을 접어 시집에 넣었다

눈앞의 까만 설탕은 흑설탕이니까 흑고양이가 생각이 난다

흑고양이는 흙 고양이,

흑색 고양이는 내게 없다

       *

갈색 아비시니안이 생각이 난다 갈색 단모종의 특징

우리집 고양이는 샴과 페르시안

우리 고양이는 노오란 설탕을 좋아하고
노랑 설탕이 아닌 갈색 설탕을 더 좋아하고
흑설탕을 좋아하는 백설탕 '영희'
새끼 고양이처럼 어린,
솜처럼 하얀

*

흑설탕 수정과 만들기 좋은 날에 계피 향 가득한 겨울날에

곶감을 넣은 호랑이네 수정과는

고양이와 호랑이와 수정과와 곶감!

수정과엔 갈색을 넣고 또 건강에 좋은가?
우리 집 TV앞의 화분들이 방긋 미소를 짓는다 방긋, 또 방긋
축축하게 물을 뿌려 환히 웃는다 배우들처럼 환히 겨울날 소리 내어 활짝
웃는다
소박한 집주인은 쌔근쌔근 소파에서 낮잠을 잔다

어린 꼬마가 휙 지나간다 유난히 핫도그 냄새가 난다

지나가는 누렁이는 큰 아이를 보면 킁킁거리고 또 달려간다

길가의 삼겹살 집

길가의 삼겹살집
건너편, 칼국수집 빨간 간판 아래에
열린 창문 아래에
낚시용 노란 플라스틱 의자가
어서 들어가자 들어가서,
삼겹살을 가위로 썩뚝썩뚝 썰어서 굽자
아버님 쏘옥 상추쌈을 넣어서 입속에 가득,
조물조물 씹으세요

후식은 물냉면이 좋아!
고추장 다데기를 뜸뿍 넣어
겨자, 식초, 그러다가
한입, 두입, 또 조물조물
좋구나, 좋아! 푸른 가을 하늘
지나가던 아저씨, 아버님 옛 친구
어서 들어오셔요

우리 셋은 찻집으로 다시 향한다

고양이 똥

침대 끝, 발가락에 아침햇살이 걸려있다

기상할 시간 껑충 가로지른 마루

버티컬을 올리니 빛과 색이 섞여서
순간 세상이 안으로 들어온다
한 마리, 두 마리, 세 마리 회색 고양이

현관의 작은방 회색 침대 회색 고양이

모래 박스 안의 고양이 똥을 치우며
고양이 똥 냄새

 화장실 긴 솔로 타일 바닥을 문지른다 칫솔로
이를 닦는다

주둥이가 서로 닿아 수직선을 이룬다

흰 종이에 베이다
빨간 핏자국이 하얀 종이에
떨어진다 손가락이 쓰리다

여름엔 파리가 많다 파르르 파르르 떨고 있는 녀석 자리를 맴돈다
튀김 냄새가 골목에 풍긴다
김말이, 고구마, 오징어 튀김
물이 가득한 비닐봉투에 호기심, 김말이 튀김은 입속에서 바삭거린다

천장에는 물 풍선이 매달려 파리를 쫓는다.

*

시외버스를 타고 친정이 있는 안산에 도착한다 꾸벅꾸벅 졸다

깨어나면 머릿속의 세포들이 살아나 물고기를 잡는다 어망을 친다
 (수평선이 사라질 때 불행은 사라진다 주인공은 다시 바뀐다)

*

 소년은 징검다리를 뛴다 뒤에 비가 따라서 내린다
 진흙투성이 신발이 될까 봐 ′ 물 웅덩이를 피한다

 '에밀리 어디있어? 오늘 만나러 간다고 했잖아 에밀리, 에밀리'
 '소다를 마시러 가자'(뜀뛰는 소년은 무대를 가로지르며)

'마부 아저씨네 마차를 빌리자'
  옆 마을의 닭이 병아리를 많이 낳았어, 귀여운 병아리를 '

         *

  베란다의 파란 새장 안 한 쌍의 흑문주

  주둥이가 붉고, 깃털이 검은 흑문주 한쌍이 휘파람을 분다

  주둥이가 서로 닿아 수직선을 이룬다

  흑문주는 깃털을 떤다 머리를 내민다

  겨울날에 물장난을 쳐 더러움을 씻는다 얼굴을, 겨드랑이를, 목덜미를
   깃털을 고른다

조그맣게 귀엽게도
지지 지지, 지지지지

바람 부는 날에 흑문주가 노래를 한다

*

어느날 터미널 의자에 앉아 맑은 하늘 아래 비둘기 세마리가 날아와
  부스러기를 뜯는다 크림빵 부스러기

새들은 날아든다 흰색, 회색 여기 저기에
  회색 도심속 비둘기는 버스 터미널 앞에 앉았다 새가 날아든다

  내가 웃고 아주머니도 웃고 할아버지도 웃고 엄마품의 아기도 웃고

비둘기는 빵 부스러기를 계속 찾는다

       *

물 웅덩이를 뛴다
하나, 둘, 셋

(무대를 가로질러 반대 방향으로)
'에밀리 에밀리 마부 아저씨 마차를 빌려서
병아리를 광주리에 담아올 거야'
'에밀리, 오늘은 비가 왔으니 내일은 햇볕이 좋을 거야'
'병아리를 얻으러 가자'
(베란다에는 시원한 바람이 불고 흑문주 한 쌍은 주둥이를 맞춘다
빨간 주둥이가 조그맣고 야무지게)

*

　발자국이 여럿 선인장 가시가 점처럼 빛난다 유리 어항에 선인장은 마치
　방석처럼 퍼져있다 토요일, 모두 사라지고 즐거운 아이 물구나무 서기를
　한다 모래바닥에 가벼운 발자국을 남긴다 눈시울을 적신다
　벌거벗은 발은 겨울을 잊었다
　(뜀뛰는 소년은 무대를 밀고 반대 방향으로 사라진다)

세상에서 제일 좋은 우리 대한민국

가을 하늘 맑고 푸른데,
맑은 계천에서 발이나 씻을까?

산과 들, 바다가 보이는
내 고향에 내가 있으면 좋겠다

세월이 흘러 먼 곳에
나는 사라지고 땅의 조약돌처럼

내가 너이고 네가 나일때
깊은 상처는 냇물로 씻을까

더러워, 고름 낀 곳의 파리는 싫구나
흐르는 물에 어서 발 담그고 어른, 아이 헤엄칠까?

담벼락의 담쟁이 넝쿨이 옷을 입었구나

잉어 한 마리, 제법 아기만큼 자랐구나

세상에서 제일 좋은 우리 대한민국

내가 바보라는 사실을 알고 있니

내가 바보라는 사실을 알고 있니?

*

그만 그에게 사랑한다고 고백했어
어리석게도 그를 믿었지
나는 사랑하지만 완전히 그는
잊고 있던 거야
오늘, 내가 펑펑 울고 있는 사실,
그가 다른 여자를 찾고 있다는 사실

*

바보라는 사실을 지금 알았어

전생의 기억이 있을까

어린 시절,
꿈을 꾸었는지도 모른다

한강을 따라 달리는
강변도로를
유유히 바라보며

높다란 붉은 벽돌의 담쟁이
녹색의 아이비 넝쿨이
하나 가득

뚜렷한 기억 속, 강변도로
흐르는 강물처럼, 굽이쳐 지나갔다
그리고 십 년이
더 많은 세월이

부모님께 불현듯 붉은 담장의 아이비를 물어보았다

하지만, 전혀 모르는 곳이라고
실존해 있는 장소가 아닌듯하다고
답해주셨다

과연, 지워지지 않은 전생의 기억이 있을까?
지금도 모르는 장소가 남아 있다

지난 밤에 누군가 돼지를 잡았다

 지난밤에 누군가 돼지를 잡았다
 아주 커다란 암돼지의 시끄러운 울음소리가 메아리쳐 한밤중에
 온 동네를 깨우고 말았다 커다랗게 엉덩이가 확연히
 드러난 암돼지를……
 가슴이 시리고 몸이 허약한 사람이 새벽을 알리는 동이 틀 무렵,
 암흑 저편에서 죽음을 몰아치듯

 휙´ 바람과 함께 사라졌다

 그리고서, 동이 터서야
 아침이 돼서야 확연히 내 손에 흐르는 돼지의 붉은 핏자국을 보게 되었다

오늘, 동네 가장 큰 부잣집에서 부글부글, 고깃국을 끓이는 소리가
　깊은 잠을 깨울 것이다

죽은 돼지의 울음소리는 마을에 장이 서는 날에 사람들의 허기를
　달랠 것이다

동대문 시장에 나갔지

모르오 모르오

모르는 것이 많아

동대문 시장에 나갔지

가던 중에 발길 돌릴까 하여 지하철을 탔지
지하철을 충무로에서 갈아타고 흥이나
바쁘게 바쁘게 길을 걷는데, 번쩍 번쩍 이쁜 구슬
동그란 물건 붉은 때가 온통

주옥인가 하였지

돌아오는 길, 주섬주섬 끼고 오는데
흰 십자가 성당 지나다가

흰 꽃잎으로 변해

휘영청 날아가

아차, 참으로

진주라고 하였지

고양이, 장군이가 위에서 내려다본 장면

언제 꼭대기에 올랐을까?

　　　　　*

장식장 위에 모서리에 턱을 괴고 내려다보는데 거실의 실내를
어떻게 설명할까

높다란 벽면에 오랜 담배 광고 포스터, 중국 여인의 초상화,
그 아래 둥근 찻잔들, 하나는 받침 접시가 없고 그 앞에 둥근 식탁,
나뭇결에 기름이 매끄러운 아주 오래된 식탁 한가운데 포도주 병,
유리컵, 안경 케이스, 또 공책과 펜! 익숙해 보이는 자

리에

   정든 여인이 사랑하는 여인이 글을 쓰고 있다

*

사랑한다고 표현하면, 단지 편하다고 말해줄까?

   그녀가 나를 바라볼 때에 난, 지그시 눈을 감지만
이따금 내가 맹꽁이처럼 보일 때에
바로 사랑하는 여인이 곁에 있기 때문이고

   꼭대기에서 세상을 바라볼 때에 우리가 모두 행복해지는 이유야 ′

   오늘도 행복한 이유는 나의 사랑하는 여인이 나를 사랑하기 때문이지

인스턴트 커피 세 스푼과 네 스푼의 차이

인스턴트 커피 세 스푼 그리고 1/2 스푼 더-
뜨거운 물에 휘휘 젓다 다시 설탕 두 스푼을 넣는 것이 이른 아침에 큰
일이 된다면 누구 아는 사람이 있습니까? 그리고 버터 바른 크래커를 먹는다면 딱히 이유를 알 만한 사람이 있습니까? 훨씬 더 쉽게 아침을 시작하는

사람이 어디에 있습니까?

글쎄, 누가 아침에 커피를 더욱 잘 마시는 사람이 있습니까?

나보다 더- 아침을 쉽게 시작할 수 있는 사람이
있는지 알 수 없지만, 여기에 간단한 문제가 발생합니다 아니, 다시

생각해 보건데, 문제가 될 여지가 전혀 없습니다 조금 하루를 가볍게
 시작하는 것이 문제가 될지 모르지만 지난밤 고요히 평범한 시간이라면
 그리고 아침에도 너무 가볍다면 오늘 어제 그리고 사흘 전에도 평범하게
 인스턴트를 마시는 아침이라는 사실에 틀림없이 오류가 아니라는 것을
 확신합니다

 그런데, 내일 그리고 모레 한 달이 지나도 인스턴트 커피 세 스푼과 1/2
 스푼을 뜨거운 물에 마시는 방법이 똑같다면 오류일까 아니면 습관일까
 다시 생각하는데, 아참, 오류라는 점에 동의합니다

이제 군중이 점점 많아지는 군요.

토끼굴

좋은 시간을 보냈어요
여행 준비가 끝이 났군요

바로 물건으로 가득 찬 트렁크 문을 닫았어요 곧 정막이 거실 바닥에
가득 쌓였고요 한편에는 여행 서적이 단 한 권 있고 그 옆에는
이미 떠나버린 가슴이 두근 세근 뛰고 있는데,
빈 공간에는 사람의 흔적이 사라진지 오래이군요
늘상적인 일이지만 짐을 모두 챙겨 넣고 나면
세상이 끝난 것처럼 아쉬움이 가득해요
한 시간 채 되지 않은 적막은 시공 속의 지하 공간
마치, 소중한 사람들 사이 비좁은 공간,
몸을 숨길 수 있는 벽과 벽 사이 좁은 통로
간신히 머리를 끼어서 넣으면 발이 뒤따라서 움직이는

글쎄, 절대적 숨은 공간 ′이랄까,

시간을 소리치며 알려주는 흰토끼 그리고 토끼굴
대체로 보이지 않는 하이얀 눈속임 마지막으로 여권을
손가방에 넣자마자 슬픔이 몰려왔어요
미래에는 그리워할 추억을 또 만들겠지요
그때에 누군가 마음속에서 나를 흔들었다

'이것 봐, 여행을 오래전에 끝마치고 돌아온 너는 새로운 출발지를 완전히
 잊어버렸군. 그래서 그렇게 고통의 그리움 속에 갇히고 살았지.'

'비행기 출발 시각은 저녁 6시 25분 도착지는 베트남, 호치민입니다.'

눈물이 나 ′

1.

다시 나를 찾았다 몇 년을 헤매었다 나를 떠난 영혼은 언제나 분주했다

잠을 자던 자리는 홍건한 웅덩이처럼 깊이 파헤쳐, 눈을 뜨면 땅 위로 기어

올랐다 세상에 태어나 어머님의 병환은 처음 느끼는 나의 고통이었다

언제나 나의 자리는 깊게 파헤쳐 있었고 일주일에 한 번을 찾아뵈는데

시간은 흐르는 냇물처럼 빠르게 지나쳤다 하루가, 이틀이, 일주일이 일 년이 지나며 거듭 빠져나오기가 어려웠다 그동안 나의 삶은 사라진 듯이

잊고 있었다 항상 등이 뻐근하고 목덜미를 누군가가 잡은 듯이 아팠다

한동안 나를 잊었다 처음 있는 일인데, 세상모를 일이군.

불행이 자주 겹친다는 사실이 눈물이 나 ′

2.

 자동차를 주차장에 세웠다 오랫동안 관심이 없던 CD케이스를 열어보았다 CD케이스를 열고서 먼지를 닦고 제일 밑의 CD는 아, 친구가 준 일본 음악

 이였다 당시 친구가 했던 말이 생각이 났다

 "이 사람들 음악을 들으면 네가 많이 생각이 나"!

 대학교를 다니던 그 시절, 내가 좋아하던 가수였다 그 친구는 나를 떠올리면 바로 행복했다는 사실이야- 장밋빛 시절의 화려함. 모두가 쫓는 일인데

 가득 화려하게 과거로 포장되어 있다

 어쩌면 다시는 만나질 못할 과거 여자들의 세상은 꽁꽁 언 얼음판처럼

 사납고 잔인하다 단순한 소유, 즉 듣는다는 뜻, 음악을 느낀다는 것,

 간식을 먹는다는 일, 시간의 흐름처럼 정확하다는 의미 ′ 모든 현실을 바꾼 꾸밈인가? 보이지 않는 끈끈한 감정 친구가 전해주던 바로 그날에, 한 점, 한 점의 생각들이

행복하게 모여진 우리들의 추억처럼.

그 친구와는 연락이 끊겼다 세상 어디선가 잘 살고 있다면, 안심이 될 것

같은데

하지만 당시 친구는 우울했고 나는 우울하지 않았다

지금은 우리 나이가 제법 들었지

'세월이 흘러 철들고 늙는 사실은 당연하지! 하지만 편하기도 해' 모두

-그리워하는 사람처럼 과거는 솔직히 말하자면 눈물이 나 '

3월이 되었다 이제야 현실을 깨닫는다 과거의 내가 더 낫구나 너를 다시 생각하기로 했다 사람들은 어느덧 모두 잊었어 그저 옛 모습을 찾을 뿐.

순간 영미가 건네준 음악을 들으며 혼자 웃는다 다시는 변하지 않으리

전혀 불만이 없다는 사실은 돌아갈 곳이 남아 있다는 사실이야 불편한 느낌은 그냥 상상일 뿐이야 과거로 돌아간다 친구에게 전화를 걸고 싶어졌다

세월의 차이는 극복하면 되니까 그리움 때문에 음악을 듣는 것은 아니야

반드시 내가 먼저 전화를 해야겠어 사람들이 사랑을 표현하는 것은

이기적인 방법이야

세상은 모두 자신이 살아가는 법칙이 있어 그래, 그래서 현재의 나를

보내기로 했어 기쁜 날에 무슨 집착이냐고

현재의 나는 과거의 내가 될 테니까

친구야, 추억 속에서 우리 다시 만나자

이제는 이별을 말하지 말자

보고 싶다, 친구야

하나, 둘, 셋

우리들의 추억을 위해서

염천교 다리 밑

가난했어요 정말 기계 소리가 요란했어요
서울역 염천교 다리 밑 풍보 부부

그렇게 자식 없이 살았지요
정말이지, 배 불뚝이!
먹는 것이 전부였어요

가난하다고, 누군가 기계 검정 똥이라고 불렀지요
솔직히 자식이 없어서 남의 집 손녀딸이 너무 귀여웠어요
생각하면 배고픈 사실이 추억이에요
하지만 지금은 그냥 굶어요
혹독한 정신분열증 환자들을 피해서 음식에 환장한
인간은 아니니까요

사실, 먹고 싶은 욕망은 살아있다는 것인데,
내가 죽었나요? 아니, 영혼으로 살아요

아, 절망! 서울행 버스를 타야겠어요

오래간만에 연희동에 왔다

오래간만에 연희동에 왔다
머나먼 기억
40년 전에 살던 곳
그리고 집터가 많이 변했다

친구는 건물을 짓는 회사를 운영하고 함께 오늘,
바로 옆집, 중국집에서 자장면을 먹는다
택시가 내린 곳, 중국 음식점 앞 칼국수 집 건너편-

우리는 수다를 떨면서 탕수육을 간장에 찍는다
세월이 지나도 중국 음식점은 가장 편하다 바로 차를 마시고
나는 친구의 회사를 떠났다

길을 걷는데, 예전의 이층집이 보인다

그윽한 계피 향이 어디선가 나는데,
팥 양갱 집 안으로 들어섰다

수정과를, 쌍화차를, 오미자차를 마실 수 있어
찻집의 천정 한 섶이 열린 하늘이 보인다
발 디딜 곳, 오랜 사무실 한켠-

어린 시절, 소아과 바닥처럼
아가들의 울음소리가 여기저기 들리는 곳처럼

한번 다시 돌아서 골목을 걸었다
나 자신을 믿게 되었다 솔직히 모두의 시간을 사랑했
다고
바로 너와 나-

세상을 사랑했다고, 아주 오랫동안

아가미와 비늘

아가미와 비늘과 꽁지는 생선의 내장을 토해냈다 씻겨진 흰살은
 체에 걸러지고 생선의 비린내는 가스불 위 끓는 물속으로 들어갔다
 굵은 소금이 깔린 냄비에 생선의 살은 하얗게 떠오르고 어느새 거실에는
 바닷가의 비린내가 풍겼다

햇볕이 좋은 날, 아버님 혼자 거실에 앉아계신다 어머님의 뇌경색,
 겨울이 두 번 지나 또 한 번, 어머님은 오랜 고목처럼 가늘어만 지셨다
 영혼은 흩어지고 푹 들어간 눈동자만 나를 반기셨다 나를 보는 그분의

가느다란 작은 입술은 소리를 잊으셨다 모두가 사라진
지 오래다

병원 근처 네온사인은 위안의 불빛의 밤거리

어쩌면 쉬운 길을 선택할 것이리라, 신호등 앞의 시계
탑은 정확히
볼 수가 없었다 상점의 쇼윈도우는 도심의 성지, 인간
의 삶은 매우
복잡하고 적막한데.

선택

다급하게 걸었어요 모르긴 몰라도 필요했지요 손 닿는 대로 갖기로 했어요 지갑을 열고 조금 아깝다는 생각이 들긴 하지만 신경을 껐죠

그렇죠! 누구나 사치를 원해요 하지만 빛은 화려하니까요

사실 좋은 날의 햇빛을 즐겨요 모두를 이해를 못해요 이해할 수가 없어요

아무튼, 눈 깜짝할 사이에

선택을 했지요 바로 빛을 찾기로 했어요 그래서 벼룩시장에 자주 가요

휴일에 가면 사람들이 많아서 벼룩 시장에 보물이 있다는 생각이 들지요

또 스릴이 넘쳐요 그런데 바로 그 점이에요

오늘도 하늘 빛을 담아 몰래 주머니에 넣었죠

지하철을 타려고 층계를 내려가다가 다시 돌아와 뛰어 올라갔어요
 푸른 십자가를 손에 꼭 움켜쥐고요

 숨 가쁘게도 아픔이 되살아나 '
 어린 천사의 죽은 영혼처럼 사랑하고 말았지요
 사랑했어요, 하느님을 뵙고서 두 손 모아 기도를 했지요 그런데 어느 날
 심장이 멎었어요 엄마는 옆에 앉은 채,
 그날 나는 세상을 떠난 거예요

 그날 이후에 길을 걷던 키 큰 언니가 내 목걸이를 찾았지요 언니는 참
 예쁘고 춤도 잘 춰요 그리고 부자예요 그런데 오늘 모두 내 것이 되고
 말았네요
 사랑해요! 고마운 언니'

외로운 4시가 지났다

커스터드 크림 도넛 하나, 그리고 커피
무더운 날씨에 수분과 당분이 필요하니까 초콜릿!
순간의 행복, 여행을 떠나고 싶어졌다 선택은 필수

외로운 4시가 지났다, 길을 떠난다

내용이 없는 이야기는 탄산수처럼 간단하다 식욕이 없으니까
단순하지 아니, 가볍게 부유할 수도 있다 생각은 빈곤을 만드니까
고통의 늪에 이성은 세상을 본다 서툰 말투인가 아니, 자신을 찾는 아픔인가

하늘의 태양은 멈춘 듯 한여름의 햇살은 휴식을 취한다

시원한 에어컨 바람이 불어온다 땀이 식는다

그녀는 사라지고 곧, 바다의 비릿한 소금기가 느껴지는데
수평선과 푸른 바다는 영원히 그 앞에 내가 선다 한 여름에
선풍기를 고른다, 얼음을 넣는 냉풍기는 구겨진 오랜

사진들을 기억하는가? 헛소리?

아니, 오늘 매우 덥구나

눈썹은 사랑을 말한다

메모장을 읽었다
가느다란 속눈썹이 그려진 동그란 얼굴

눈썹은 말을 건넸다

타들어간 빨간 양초 옆
자신이 좋아하는 낡은 소파에 앉아서……

눈썹은 사랑을 말한다

그리고 담배꽁초가 목각 재떨이 안에, 물소 모양을 한
흰 연기가 자욱하게 펴져서
기침은 재를 날려보낸다

그리고 가을의 바다에 온몸을 적신 핑크빛 그녀 비눗

방울을

　바다로 보내 그녀는 푸른 가을 바다에 돛을 달았다

무섭게 비가 내리던 날

영화가 끝이 났다
영화관 앞을 나섰다 하늘에는 먹구름이 가득했다 비가 무섭게 내렸다

비닐우산을 하나 샀다 버스 정거장 주변은
학생들이 수다를 떨면서 흠뻑 젖은 면 운동화를 바라보고 있다
마냥 버스를 기다리고 있는 우리.

여인이 하나 다급히 비를 피했다 동그란 그녀의 볼 위에 빗방울
하나 떨어졌다 한 걸음 또 한 걸음 가까이 갑작스런 비를 피해서
버스를 기다리던 우리.

무섭게 비가 내리던 날에 어둠이 내리던 그날 밤에

소나기가 퍼부었다

당신이 피우던 담배꽁초도

그래, 내가 알기에는-

-혼자가 되었다는 사실이야

어쩌면 돌아서서 소리라도 칠 것을
그의 걸음을 말렸어야 했어.
'이것 봐, 당신 무엇인가 잊고서 떠나가는 거야'?
'내가 이렇게 울고 있잖아!' 하면서, 아무리 생각해도 내가-

-혼자라는 사실은
  영 틀린 일이야

그렇지, 그래서 당신이 떠나가는 일이
영 마음 아픈 일이야

이것 봐, 지금도 당신을 그리워하고 있잖아!

당신이 피우던 담배꽁초도
여전히 그대로 하나도 변하지 않고 모두 기다리고 있잖아

그런데 오늘도 보이질 않아 아무것도 변하지 않았는데

일본 사케를 한 병 샀다

먹구름이 사라지질 않는다 가던 길에 꽃 라벨이 예쁜 일본 사케를 한 병 샀다:
꽃이 활짝 핀 자그마한 술병을 식탁 위에 놓았다 전에 마시던 포도주 병의 코르크 마개가 열려 있는데-

거실로 돌아와서 TV를 켰다 사람을 잡아먹는 귀신이 나오는 일본 영화를 보았다
몸을 가누지 못한 채 넋이 빠진 시체들이 도시 한복판으로 쏟아져 나왔다
온몸이 썩어가는 시체들은 눈이 튀어나오고 이빨이 부서져 치아가 남지
않는 입으로 건강한 육체들을 뜯어먹기 위해 비틀거리며 걸어다녔다

나는 밤 12시가 되기도 전에 졸음이 몰려와서 TV를 끄

고 샤워를 했다

  샤워 부스 안의 검은 곰팡이가 갑자기 눈에 거슬려 얼핏 보니 귀신을

  먹어치우는 귀신이 나와서 샤워를 같이 하고 있었다 그 귀신은

  욕실에서 온통 벽에 붙은 귀신들을 허겁지겁 닥치는 대로

  먹어치웠다

  그리고 다음날 아침 눈을 뜨고서 그 귀신 잡이 귀신은 떠나지 않고서

  내 곁에 앉았다 식욕이 없었던 나는 갑자기 냉장고 문을 열어 슈크림이

  듬뿍 든 빵을 게걸스레 먹어치우기 시작했다 이상하게도

빈곤한 내 생활에 붉은 등이 켜지고 말았다

커다란 용 무늬 빨강 점퍼를 입고 마트로 달려갔다 그리고 크림빵을
한 봉지 샀다 오늘 유난히도 내 어깨에 하나 가득 수가 놓인 방울 가방을 메고서……
그 귀신 잡이 귀신은 한국어를 할 줄 몰랐다, 속상하게도 일본어를
알아들을 수가 없었지만
친절한 귀신 잡이 귀신은 반갑게 웃으며 함께 태양을 향해 걸었다

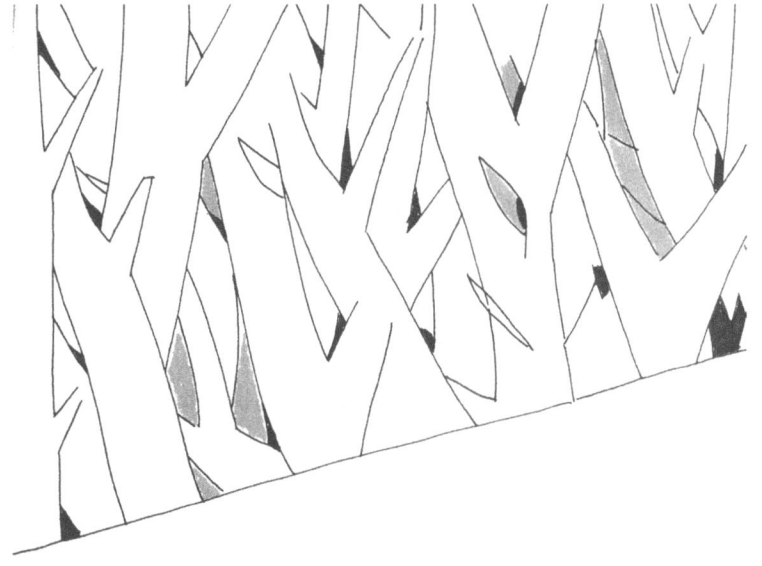

땅을 핥는 번거로움을 아는 이가

땅을 핥는 번거로움을 아는 이가
철이 든 어지러움을 아는 이가

　즐비하게 이랑 메고 씨 뿌린지
　오랜듯 잊은 듯 아니,
　나무 그늘 아래 숨 죽이고
　시간을 죽이던가 아니,

　　한 달 가고 두 달 가고 일 년 지나
　　땅에 뿌린 씨앗 썩어 퇴비 되던가 아니,

몸에 붙은 이 바위 되길 바라지만
어려워 가슴 쿵덕 뛰는 소리가
땅 속 개미들 발가락 사이를
맴돌다 멈칫 퇴비 썩는 냄새에

콧속 먼지에 뿜어나는 재채기 소리, '에취' 하고 그만
박제가 된 인간은 벌떡 잠이 깨었던가

'야옹, 야옹' 들 고양이
새끼 낳는 소리에 저고리를 휙 벗어던져 노을을 반기
던가 하였다

'파두'가 넘실거린다

여름이면 늘 시원한 맥주를 마시던 할아버지 생각이 난다
뚜껑이 열린 맥주병은 언제나 방바닥에 남아있었지 할아버지의
외출을 하시던 날에 난 시집을 왔지 시간 속 여행은-
버스를 기다릴 수밖에 버스를 타고 서울 시내를 다니던 꿈처럼
알 수 없던 것은 모두 부질없다는 것
초저녁에 맥주를 마신다 포르투갈에 가고 싶다
음악은 귓가에서 떠나지 않는데
남편은 '파두' 한 장의 음악을 남긴다 바닷가의 파도 위에
파두가 넘실거린다

-포르투갈은 그리움의 기쁨-

나를 기다릴 거야 흰 커튼은 하얀 손목을 흔든다

어부의 집에 짐을 풀어야지

바닷바람은 파도를 친다

밤하늘

겨울에는 밤이 없어요
 그냥 보내던 밤인가 해서
  세상에 하나 있던 밤인가요
  밤이 되었어요

밤은 바람인데
 알 수 있는 것은 낮 보다 밤이 무서워요
  그래서 어두운 밤에는
  별이 뜨지요

밤하늘은 낮을 보면 훔치고 도망가요
 밤이 사라지는 건가요
  백야인가요?
   빛은 어둠을 싫어해요
    그래서 빈 그릇을 남기지요

빛을 곱게 담으려고요

별이 빛나는 밤에
빛을 담아요 하나 가득히 셈을 하고서

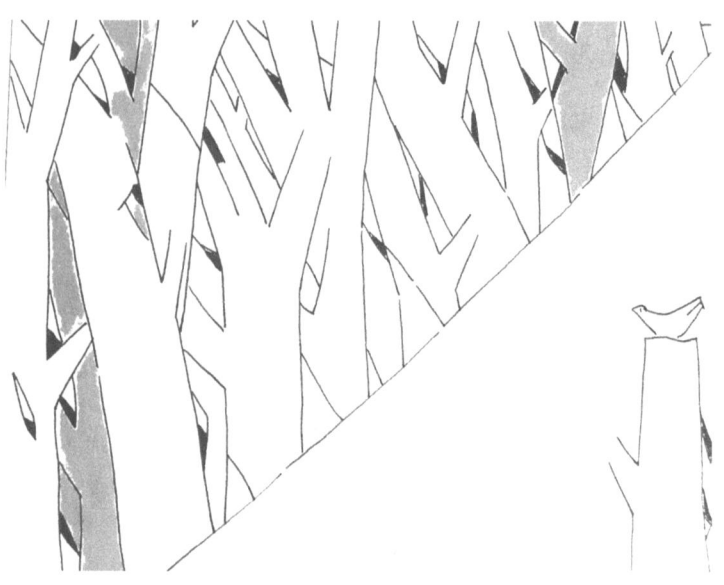

전깃줄은 공구함에 까치집을 만들었다

사우나의 더운 공기는 비누냄새를 감춘다 라커의 문들은 잠겨있다

열쇠가 잘 끼워지지 않아 힘을 쥐고 열쇠를 세게 돌린다

뜨겁다는 생각은 따스하다는 생각과 동일하지만 좋아해´순간

두려움에서 벗어나 견딜 수가 있다, 수도꼭지에서 뜨거운 물은

욕조 바닥에 파랗거나 하얀 조약돌이 보인다

군데 군데 구멍 나 타일이

깨졌군.

동그랗게 동그란 물의 기포가 표면에서 탁 탁´

흰 거품은 정교한 보석의 세공 두려움이 톡 톡 ′

잠에서 깨어나
현실은 거짓인가
성당의 십자가는 하늘 꼭대기에 거대한 날개를 펼친다

'할아버지, 손녀딸과 함께 올라오셨어요?'
'힘드셨죠. 이제는 무덤에 분홍 카네이션이 피었어요.'

깊은 안갯속을 내달린다 얼마나, 네가 그리웠는지 알아.
손에 식은땀이 흘렀다

전깃줄은 공구함에 까치집을 만들었다 벽면의 나사못은

구멍을 뚫는다 영화관의 온도는 뜨거워 ′ 정복이라 부를 수는 없군

흰 고무신을 냇가에

해는 밝아 내 앞에
나무들이 산다

해 쫓는 아이는 빛이 좋아
나무 그늘 아래 숨는다

지붕 위 고양이는 유유히 당당하네 밤색 털을 고르는구나
아늑하게 지붕 위에 터를 만드는구나

'정서방 하고 잘 살아야지'
어머님의 마지막 말씀.
'사랑합니다', 한마디 적었다.

바닥 소리가 들린다 떨어지는 중력은 위험함 순간 바

람과 함께
  행복한 자연으로 바닷가에 흐르는 냇물이 되리

  질투가 싫었어

  시원한 흐르는 물의 냇가에 발을 담그고

  살아있어 자연은

옛날 옛적에 그러셨죠!
어머니 기억나요 어린 시절에
그리고서
흰 고무신을 냇가에 벗어 놓으셨어요

손잡이가 빠진 우산을 들고 절 앞까지 걸어갔지

무슨 일이 있어
누가 자살을 했어 온 동네가 떠들썩했지 믿고 싶지 않아
아는 척을 하지는 않지만
눈물을 감출 수가 없군

마일즈 데이비스의 선율을 잊어버렸어 비는 내리고 산길을 걷기로 했지

우산의 손잡이가 빠진 우산을 들고 절 앞까지
걸어갔지
연못이 넓어 부처님 오신 날,
한 바퀴 돌고 두 바퀴 돌고 배낭이 무거운 외국인이 보이는데

한동안 갈색 다람쥐 재빨리 달려간다

작은 후라이팬 위에 계란 후라이 듬뿍 버터를 바르고 계란을 뒤집는다
거실 큰 거울, 머리가 희끗한 여인이 서둘러서
팔을 양 옆으로 뻗는다
파도를 가른다
의식의 상태에서 앞으로 앞으로 파도 위에서 파도타기를 한다

예술가들은 기도를 하면서 세상을 배운다

검소한 배우들은 반창고 붙은 분가루를 날린다 비밀스런 과정.

예술인의 진한 피는 굳어진다 검은 커튼 사이에 바퀴

벌레가 숨었다

  그렇지 않아. 퍽이나 열심히 살지 부자는 차를 마시고
술을 마셔
  현실에서는 자신을 감추니까

  프랑스 보르도 지방의 천지인에 관한 소식은 뿌리에 영
양분을
  공급한다 우아하게 멜로를 마신다

도베르만을 닮았다

빨랫줄의 빨래는 순발력 있게 떨어진다
도베르만은 이빨을 드러내고 커다란 입 사이로 누런 이를 내민다
컹 컹 짖는다 *

순간 귀를 쫑긋 꼬리는 좌우로 살랑 살랑
가느다란 눈이 나를 쫓는다
덩치는 산만한 개가 내 엉덩이를 밀쳤다

    잔디 밭에 빨래집게가 노랑색 파랑색 흰색 그 녀석 발가락 사이
    파랑 집게가 남았군.

태양의 머리는 쏜살같이 내달린다 현관문이 삐그덕 삐그덕 누런

이빨은 문을 닫는다 컴퓨터로 듣는 음악 소리, 슬픈 사나운 개가
 컹 컹 짖는다 *

 벤치에 앉았다 예수님 어깨 너머 찰랑거리는 갈색 머리 미남
 녹색 눈빛은 옛 고성의 숭고함

웰링턴의 바람은 사납게 분다 나뭇가지는 흔들리고 집시들이 맨발로
 기차에 오르며 꿀벌의 벌통으로 양초 가득 하나 여럿 테이블에 가득히
 촛불을 만든다

 도베르만 럭키는 차고 안에서 잠을 자고 양동이에 찬

물을 담는다

  다시 컹 컹 짖는다 *

라임의 세련된 신맛

거실 구석 조금 긁힌 검은 박스에 구겨진 여름 바지들이 담겨 있다
칫솔, 치약, 비누,
비누는 옷 사이에 넣을까? 오이 냄새가 은은하다

가방 지퍼를 당기다가 손가락이 지퍼에 집혔다 세면대에 핏방울이 떨어졌다

커피 주전자에 물을 끓인다 어두운 실내에 빛이 보인다 밖의
빗방울을 튕기며 달려오던 자동차 타이어가 짐을 내려
비 오는 날에 빗방울 소리가 시원하다 행복이란 더러운 때를
씻어 버리는 것. 비 오는 날에 한숨을 쉰다

단맛, 신맛, 쓴맛 :

달콤한 딸기 아이스크림은 라임의 은은한 신맛을 이길 수 없어

최악의 쓴맛은 잘 갈아진 감기약이지. 간장 종지의 깊은 맛은

커피의 역사 같아서 추억을 인정하는 거야,

아니 호텔 예약 복사본을 찾아야 해 부정맥은 사라지고

이른 아침 침대를 걸어 내려오자

엄지발가락 사이 슬리퍼를 끼우다 구겨진 분홍 파자마를 입자

    녀석들 게을러,

    고양이들이 부비 부비

    사랑을 하잖아

    그들이 잠을 푹 자는 이유

흰 염소 한 마리 크게 그렸으면

흰 염소가 산을 내려와 들을 건너 바다 건너 미국에 건너갔다

사람 얼굴 그려보고 백인 얼굴 그려보고 부지런히 뛰어

흰 사람이 되었다

    사람들은 책을 읽고 공부를 하는가?
    제기랄, 나 홀로가 싫어 혼자가 싫어서 책장을 덮었다
    야금야금 크래커를 먹으면서 멀리 한 번 더 뛸까 다시 염소가 될까?

흰 염소의 별자리를 보라, 양자리 하늘에 양 떼들 나팔을 불자

어서 나팔을 불자

회색 눈을 들여다봐. 커다란 새장 안의 세상을, 둥그런 여백에
빛이 나는군. 직감이야, 붙잡아야 해
키스반 동겐은 야수파, 그의 그림 속 세 여인은 회색 눈으로 세상을 바라본다
한 쪽 구석에 내가 앉았다 세 여인의 검정 힐에
붉은 흙이
묻었다 깊은 늪의

옆구리를 찌른다 아프다 미친
여인들은 책을 읽는다

건너편 백인이 나를 부르네 염소 나팔 부르네

흰 벽지에 흰 염소 한 마리 크게 그렸으면
파랑돌, 흰 돌, 노랑 돌, 빨강 돌 산에 오르세

나팔 부는 어린아이
꼭대기에 서있네

브로드웨이는 상해에 있는 추억의 밤

파랑 커튼 카펫 투명한 구석에 자리를 잡았다

중고 스탠드를 받친 둥근 원탁에 촛불을 키자

가벼운 걸음은 기분이 좋아 목마른 포도주 한 병에 덩그러니
바닥에 발가락이 하얗다 구른다 유리구슬 흰 소금의
혀가 탄다 목이 탄다 녹슨 맛이 난다
짜다.
빵이 떨어졌군.
생일날 냉장고에 차가운 모닝롤 하나
새치를 감추지 못한 외출은 서툴게 한다
(사발면에 뜨거운 물을 붓는다)

중국 사극의 붉은 대지에 부는 바람 늘상 여름을 보내지요

유월이었던가요 다리를 건넜지요 장사를 하는 여인의 광주리 속에
 익숙한 날이 있었어요

브로드웨이는 상해에 있는 추억의 밤

초콜릿 케이크는 블랙 커피의 악순환을 치유의 원칙으로 삼는다
 하얀 깃털은 새까만 초콜릿을 입는다 유혹의 쓴 물은 목구멍을 넘어
 폐에 뜨거운 단맛을 남기는데 검은 가루가 입술에 닿아 잠이 든다
 (전화를 받고 싶지 않아 깜짝 놀라 끊는다)

커튼은 스커트 자락을 흔든다

붉은 나사렛 예수님

　　세포 안에 살아있는 이유는 하나, 둘, 셋

　　미세한 촉감으로 나무는 태어난다 탄생!

　　나뭇가지를 붙인다 이어진다 산에 오른다

　바닷물을 풀었나 푸른 강 넘실대는 수족관에 소금기가 느껴지고
　　손바닥에 식은땀이 키 큰 나무를 흉내 낸다 이윽고 손바닥으로
　　입을 가린다 바닷가 수평선은 지평선을 잇는 거대한 곡선

　　　대지의 젖가슴은 사슴의 허리를 안았다

멀리 해가 뜨고 땅이 갈라져 가뭄 해에
살점이 떨어져 흰 뼈가 드러났군

하얀 꽃잎은 시간을 보낸다 숲속에서 서로를 사랑한다
태어나는 거야 하늘과 땅이 만나서

천둥 치다 눈 먼 이 있었다 멈춤의 등대는 가뭄 해에 돛
을 단다

붉은 나사렛 예수님, 흑백 사진을 보셨나요

이마에 붉은 피가 흘러 냇가에 아버님과 어머님이 정
문 앞에
계시지요

모던 보이

살아있군. 모래시계 달력

여름에 바다에서 더위를 식힌다 햇빛은 상처에 쓰라린 모래 가루를 묻힌다

    하수구 연결관이 터져 바닥을 적셨지요

    아랫집 천정에 물이 모여 큰 혹이 달렸어요

    사실 구정 전날 생긴 사건으로 병원을 갔지요

    내과에 달려갔어요

    가슴이 아프면 심장내과로 도피를 하면 부산으로

    가게 되지요 살아남아야 하니까요

송아지 고기 한 점 후라이팬에 기름을 두르고 버터를 바른다

귀에 이어폰을 끼고 쿠바 재즈를 듣기도 하면서

소금을 뿌리지 않은 빵은 행복을 몰라

사랑하고 싶으니까요 모던 보이는 사랑을 하죠
흰 구두 아저씨
흰 양말 신고서 제~비 되어서
나뭇가지 사이로 날아가요~

오전 열한 시, 긴 꼬리 샴 고양이가 층계를 내려온다~

   경복궁에서 사진을 찍었어요
   토끼 한 마리 바위 틈에 숨었지요
   나무 문살 앞에 동생의 손을 잡았지요
   토끼 한 마리 바위 틈에 숨었어요

관찰

        관찰 A.

화려한 아침은 표정이 밝다 싸이판에 머물렀다 방이 여럿
  호텔의 벽에 유화 그림이 걸려있다 어린아이 모래 삽을 들고 있다
  바닷물은 모래성을 쌓는다

내게 중요한 시간은 하루에 두 시간 정도: 미술책을 보고 화를 풀고
  나무를 관찰한다 바위의 나이테를 경험한다

        관찰 B.

형태를 고른다 직선을 사랑해서 수직선을 찾자 겹칠

을 하자

  숨은 곳을 찾자 버리는 공간 누가 볼까 찾을까 잊을까 해서

  트럭 한 대가 골목의 당구장, 커피숍, 호프집을 지나친다 타이어의
  바닥 우레탄은 발을 가볍게 하는 경기 트랙

  풋사과의 신맛은 치밀한 곤충의 날개를 보지 못한다

      관찰 C.

열린 공간이 있다 훤칠한 여인이 길에서 운세를 점친다
거울을 만지면서 시원한 골목에 선풍기를 킨다

  '솔직히 한 첩에 얼마를 하는지 잘 모르잖아요.'

'EMS로 보내면 삼만 원이 더 든다니까요.'
'비상약은 비닐봉지로 겹겹이 포장을 해야
눈에 띄는 일이 없어요.'

구두와 연결된 끈이 장식처럼 멋져 에어컨의 온도가 내려갔다

        관찰 D.

폭죽이 터진다 꽃밭이 되었다 밤하늘에 초승달이 내가 되는구나
 글자 하나 만지다 어린아이 앉았다 절 앞에 걸음 멈추고 '이 상'의
 사랑을 읽는다

꽃 하나 피었지
사랑 하나 피었지

사랑받고 싶었지
나를 하나 심었지

꽃 하나 피었지

꽃을 보는 이유니까

맺음말:

사랑

사랑은 참고 기다립니다.
사랑은 친절합니다.
사랑은 시기하지 않고
뽐내지 않으며
교만하지 않습니다.
사랑은 무례하지 않고
자기 이익을 추구하지 않으며
성을 내지 않고
앙심을 품지 않습니다.
사랑은 불의에 기뻐하지 않고
진실을 두고 함께 기뻐합니다.
사랑은 모든 것을 덮어 주고
모든 것을 믿으며

모든 것을 바라고

모든 것을 견디어 냅니다.

                코린 13.4~13.7

어머니

어머님이 돌아가셨다. 친정에 들렸다가 우연히 마지막으로 뵈었는데,

어머님은 기다리고 계셨다. 어쩌면 그날은 예정되어 있었다.

자신을 비우고서 뵈었는데, 3월 11일이 정말 그날이었다.

성모님께서 어머님과 함께 계시길 바라며 홀로 돌아가신다는 사실은

어머님을 너무 힘겹게 했다. 그날은 아침부터 다른 날보다 서둘렀다.

긴급한 상황이라는 것은 지푸라기라도 잡아야 한다는 것인데

하느님이 어머님을 지켜주시길 기도했다. 성모님, 어머님, 나

하나가 된다는 사실이 곧 느껴졌다. 우리 셋은 하나가 되었다.

한 몸이 된다는 것, 우리 안에 어머님이 살아계신다.

성모님께서 자신과 같은 어머님을 살리신다.

그날 아침은 오히려 평화롭게 걷고 싶어서 근처의 물가로 향했다.

세상 빛이 고왔다. 어린 시절 바닷가에서 물장난을 했던 때가 그리웠다.

단조로운 행복이 그리워져 따스한 봄빛을 요양원에 계신 어머님께

보내고 싶어졌다. 가슴에 빛의 자리를 마련했고 그날 오후, 어머님은

우리 곁에 조용히 남으셨다.

"하느님, 성모님, 어머님, 그리고 내가 한 몸이 되게 도와주세요".

"모두가 세상의 빛이 되게 도와주시고
밤하늘의
가장 큰 별이 되게 도와주세요".

-We are all ones

 Pray for Saint Maria and mom with Love

 Life with us in Hearts forever in

 Believe Jesus,' amen

글. 그림   이승현

시집 '어린 슬픔의 연가' 2014
시집 '부엌 창가의 회색 고양이' 2016